LE DEVIN DU VILLAGE,

INTERMEDE,

REPRÉSENTÉ A FONTAINEBLEAU

DEVANT LE ROI,

Les 18 & 24 Octobre 1752. & à PARIS,

PAR L'ACADÉMIE ROYALE

DE MUSIQUE,

POUR LA PREMIERE FOIS,

Le *Jeudi premier Mars* 1753.

Les Paroles & la Musique sont de M. J. J. ROUSSEAU.

ACTEURS.

COLIN.	Mr. Legros.
COLETTE.	Mlle. Duranci.
LE DEVIN.	Mr. Gélin.

TROUPE DE JEUNES-GENS DU VILLAGE, PASTRES & PASTOURELLES.

PERSONNAGES DANSANTS.

GARÇONS & FILLES DU VILLAGE.

M. GARDEL, Mlle. GUIMARD.

Mrs. Dubois, Rogier, Leroi, Fay, Liesse, Allard.

Mlles. Demiré Bâsse, S. Martin, Petitot, Gaudot, Larie.

PASTRES & PASTOURELLES.

M. LANI, Mlle. ALLARD.

M. D'AUBERVAL, Me. PESLIN.

Ms. Béate, Cezeron, Gougi, Dossion, Martinet, Despréaux.

Mlles. Villette, Lahaie, Buard, Grandi, Cornu, Dauvilliers.

LE DEVIN DU VILLAGE,

INTERMEDE.

Le Théâtre représente un Hameau dans un Paysage agréable : on voit dans le fond un Château.

SCENE PREMIERE.

COLETTE, *soupirant & s'essuyant les yeux de son tablier.*

J'AI perdu tout mon bonheur ;
Jaiperdu mon serviteur ;
Colin me délaisse.

Hélas, il a pu changer!
Je voudrois n'y plus ſonger:
J'y ſonge ſans-cèſſe.
J'ai perdu mon ſerviteur;
J'ai perdu tout mon bonheur;
Colin me délaiſſe.

Il m'aimoit autrefois, & ce fut mon malheur.
Mais quelle eſt donc celle qu'il me préfere!
Elle eſt donc bien charmante! Imprudente bergere,
Ne crains-tu point les maux que j'éprouve en ce jour?
Colin m'a pu changer; tu peux avoir ton tour.
Que me ſert d'y rêver ſans-cèſſe?
Rien ne peut guérir mon amour,
Et tout augmente ma triſteſſe.
J'ai perdu mon ſerviteur;
J'ai perdu tout mon bonheur;
Colin me délaiſſe.

Je veux le haïr.... je le dois...
Peut-être il m'aime encor... Pourquoi me fuir ſans-cèſſe?
Il me cherchoit tant autrefois.
Le Devin du Canton fait ici ſa demeure;
Il ſait tout; il ſaura le ſort de mon amour:
Je le vois, & je veux m'éclaircir en ce jour.

SCÊNE II.

LE DEVIN, COLETTE.

(*Tandis que le* DEVIN *s'avance gravement*, COLETTE *compte dans sa main de la monnoie ; puis elle la plie dans un papier & la présente au* DEVIN, *après avoir un peu hésité à l'aborder.*)

COLETTE, *d'un air timide.*

Perdrai-je Colin sans retour?
Dites-moi s'il faut que je meure?

LE DEVIN *gravement.*

Je lis dans votre cœur, & j'ai lu dans le sien.

COLETTE.

O Dieux!

LE DEVIN.

Modérés-vous.

COLETTE.

Eh bien?
Colin......

LE DEVIN.

Vous est infidele.

COLETTE.

Je me meurs.

LE DEVIN.

Et pourtant, il vous aime toûjours.

COLETTE, *vivement.*

Que dites-vous ?

LE DEVIN.

Plus adroite, & moins belle,
La Dame de ces lieux....

COLETTE.

Il me quitte pour elle!

LE DEVIN.

Je vous l'ai déja dit, il vous aime toûjours.

COLETTE, *triſtement.*

Et toûjours il me fuit!

LE DEVIN.

Comptés ſur mon ſecours.

Je prétends à vos piés ramener le volage.
Colin veut être brave, il aime à ſe parer:
Sa vanité vous a fait un outrage
Que ſon amour doit réparer.

COLETTE.

Si des galants de la ville
J'eusse écouté les discours,
Ah, qu'il m'eut été facile
De former d'autres amours!

Mise en riche demoiselle,
Je brillerois tous les jours;
De rubans & de dentelle
Je chargerois mes atours.

Pour l'amour de l'infidele
J'ai refusé mon bonheur,
J'aimois mieux être moins belle
Et lui conserver mon cœur.

LE DEVIN.

Je vous rendrai le sien, ce sera mon ouvrage.
Vous, à le mieux garder appliqués tous vos soins;
Pour vous faire aimer d'avantage,
Feignés d'aimer un peu moins.

L'Amour croît, s'il s'inquiëtte,
Il s'endort, s'il est content:
La bergere un peu coquette
Rend le berger plus constant.

COLETTE.

A vos sages leçons Colette s'abandonne.

LE DEVIN.

Avec Colin prenés un autre ton.

COLETTE.

Je feindrai d'imiter l'exemple qu'il me donne.

LE DEVIN.

Ne l'imités pas tout de bon ;
Mais qu'il ne puisse le connoître.
Mon art m'apprend qu'il va paroître :
Je vous appellerai quand il en sera tems.

SCÊNE III.

LE DEVIN, *seul.*

J'Ai tout ſu de Colin, & ces pauvres enfants
Admirent tous les deux la ſcïence profonde
Qui me fait deviner tout ce qu'il m'ont appris.
Leur amour à propos en ce jour me ſeconde;
En les rendant heureux, il faut que je confonde
De la Dame du lieu les airs & les mépris.

SCÊNE IV.

LE DEVIN, COLIN,

COLIN.

L'Amour & vos leçons m'ont enfin rendu ſage;
Je préfere Colette a des biens ſuperflus:
Je ſus lui plaire en habit de village;
Sous un habit doré qu'obtiendrois-je de plus?

LE DEVIN.

Colin il n'eſt plus tems, & Colette t'oublie.

COLIN.

Elle m'oublie, o Ciel! Colette a pu changer,

LE DEVIN.

Elle eſt femme, jeune & jolie;
Manqueroit-elle à ſe venger?

COLIN.

Non, Colette n'eſt point trompeuſe;
Elle m'a promis ſa foi:
Peut-elle être l'Amoureuſe
D'un autre berger que moi?

LE DEVIN.

Ce n'eſt point un berger quelle préfére à toi,
C'eſt un beau Monſieur de la ville.

COLIN.

Qui vous l'a dit?

LE DEVIN, avec emphâſe.

Mon Art.

COLIN.

Je n'en ſaurois douter.

Hélas qu'il m'en va couter
Pour avoir été trop facile!
Aurois-je donc perdu Colette ſans retour?

LE DEVIN.

On ſert mal à la fois la Fortune & l'Amour.
D'être ſi beau garçon quelquefois il en coûte.

COLIN.

De grace, apprenés moi le moyen d'éviter
Le coup affreux que je redoute.

LE DEVIN.

Laiſſe-moi ſeul un moment conſulter.

(*Le Devin tire de ſa poche un livre de grimoire & un petit bâton de Jacob, avec leſquels il fait un charme.*)

LE DEVIN.

Le charme eſt fait. Colette en ce lieu va ſe rendre;
Il faut ici l'attendre.

COLIN.

A l'appaiſer pourrai-je parvenir?
Hélas! voudra-t-elle m'entendre?

LE DEVIN.

Avec un cœur fidele & tendre
On a droit de tout obtenir.

(*à part, en s'en allant.*)

Sur ce qu'elle doit dire allons la prévenir.

SCÈNE V.

COLIN, *seul.*

JE vais revoir ma charmante maîtresse !
Adieu châteaux, grandeurs, richesse,
Votre éclat ne me tente plus;
Si mes pleurs, mes soins assidus
Peuvent toucher ce que j'adore,
Je vous verrai renaître encore
Doux moments que j'ai perdus.

Quand on sait aimer & plaire
A-t-on besoin d'autre bien ?
Rend-moi ton cœur, ma bergere,
Colin t'a rendu le sien.

Mon chalumeau, ma houlette
Soyés mes seules grandeurs ;
Ma parure est ma Colette,
Mes trésors sont ses faveurs.

Que de Seigneurs d'importance
Voudroient bien avoir sa foi !
Malgré toute leur puissance,
Ils sont moins heureux que moi.

SCÈNE VI.

COLIN, COLETTE, *parée.*

COLIN, à part.

JE l'apperçois... Je tremble en m'offrant à sa vue...
.... Sauvons-nous.... Je la perds si je fuis....

COLETTE, à part.

Il me voit...... Que je suis émue !
Le cœur me bat.....

COLIN, à part.

Je ne sais où j'en suis

COLETTE, à part.

Trop près, sans y songer, je me suis approchée.

COLIN, à part.

Je ne puis m'en dédire, il la faut aborder.

(*A Colette d'un ton radouci, & d'un air moitié riant, moitié embarassé.*)

Ma Colette.... êtes vous fâchée ?
Je suis Colin : daignés me regarder.

COLETTE.

Colin m'aimoit ; Colin m'étoit fidele :
Je vous regarde, & ne vois plus Colin.

COLIN.

Mon cœur n'a point changé ; mon erreur, trop
cruëlle,
Venoit d'un ſort, jetté par quelque eſprit malin :
Le Devin l'a détruit ; je ſuis, malgré l'envie,
Toûjours Colin, toûjours plus amoureux.

COLETTE.

Par un ſort, à mon tour, je me ſens pourſuivie.
Le Devin n'y peut rien.

COLIN.

Que je ſuis malheureux !

COLETTE.

D'un amant plus conſtant....

COLIN.

Ah ! de ma mort ſuivie
Votre infidelité....

COLETTE.

Vos ſoins ſont ſuperflus ;
Non, Colin, je ne t'aime plus.

COLIN.

Ta foi ne m'eſt point ravie ;
Non, conſulte mieux ton cœur :
Toi-même, en m'ôtant la vie,
Tu perdrois tout ton bonheur.

COLETTE.

(*à part*) (*à Colin.*)

Hélas ! Non vous m'avés trahie ;
Vos ſoins ſont ſuperflus,
Non, Colin, je ne t'aime plus.

COLIN.

C'en eſt donc fait ; vous voulés que je meure ;
Et je vais, pour-jamais, m'éloigner du hameau.

COLETTE, *rappellant Colin, qui s'éloigne lentement.*

Colin ?

COLIN.

Quoi ?

COLETTE.

Tu me fuis !

COLIN.

Faut-il que je demeure,
Pour vous voir un amant nouveau ?

COLETTE.

Tant qu'à mon Colin j'ai ſu plaire,
Mon ſort combloit mes deſirs.

COLIN.

Quand je plaiſois à ma bergere,
Je vivois dans les plaiſirs.

COLETTE.

Depuis que ſon cœur me mépriſe,
Un autre a gâgné le mien.

COLIN.

Après le doux nœud quelle brîſe,
Seroit-il un autre bien?

(*D'un ton pénétré.*)

Ma Colette ſe dégage!

COLETTE.

Je crains un amant volage.

ENSEMBLE.

Je me dégage, à mon tour.
Mon cœur, devenu paiſible,
Oubliera, s'il eſt poſſible,
Que tu lui fus {cher / chere} un jour.

COLIN.

Quelque bonheur qu'on me promette
Dans les nœuds qui me ſont offerts,
J'euſſe encor préferé Colette
A tous les biens de l'univers.

COLETTE.

Quoiqu'un Seigneur, jeune, aimable,
Me parle aujourd'hui d'amour,

Colin m'eût semblé préférable
A tout l'éclat de la Cour.

COLIN, *tendrement.*

Ah, Colette!

COLETTE, *avec un soûpir.*

Ah, berger volage!
Faut-il t'aimer, malgré moi?

(*Colin se jette aux piés de Colette: elle lui fait remarquer à son chapeau un ruban, fort riche, qu'il a reçu de la Dame: Colin le jette avec dédain. Colette lui en donne un plus simple, dont elle étoit parée, & qu'il reçoit avec transport.*)

ENSEMBLE.

A-jamais, Colin, { je t'engage / t'engage
{ Mon / Son } cœur & { ma / sa } foi,
Qu'un doux mariage
M'unisse avec toi.
Aimons toûjours sans partage
Que l'Amour soit notre loi.
A-jamais, &c.

SCÊNE VII.

LE DEVIN, COLIN, COLETTE.

LE DEVIN.

JE vous ai délivrés d'un cruël maléfice;
Vous vous aimés encor, malgré les envïeux.

COLIN.

(*Ils offrent chacun un présent au Devin.*)

Quel don pourroit jamais payer un tel service ?

LE DEVIN, *recevant des deux mains.*

Je suis assés payé, si vous êtes heureux.
Venés, jeunes Garçons, venés, aimables filles,
Rassembés-vous, venés les imiter;
Venés, galants bergers, venés, beautés gentilles,
En chantant leur bonheur, apprendre à le goûter.

SCÊNE DERNIERE.

LE DEVIN, COLIN, COLETTE; GARÇONS & FILLES *du Village*; PASTRES ET PASTOURELLES.

On danse.

CHŒUR.

CHantons, chantons le Dieu qui regne en nos hameaux :
Il enchaîne à-jamais Colin & sa Colette.
Pour célébrer sa gloire & leur ardeur parfaite
Joignons nos voix au son des chalumeaux.

On danse.

COLETTE.

On voit encor des cœurs fideles,
Quoique leurs desirs soient contents;
On voit des ardeurs éternelles,
Comme il en fut aux premiers tems :
Est-ce à la cour, ou dans les villes?
Non, ce n'est que dans nos asiles
Que les amants sont constants.

COLIN.

Auprès d'une jeune bergere
Il suffit de savoir aimer :

Le seul amour est nécessaire
Pour la contraindre à s'enflâmer.
Est-ce à la cour, ou dans les villes ?
Non, ce n'est que dans nos asiles
Qu'un tendre amant sait charmer.

(*On danse.*)

COLIN.

Dans ma cabane obscure
Toûjours soucis nouveaux ;
Vent, soleil, ou froidure,
Toûjours peine & travaux.
Colette, ma bergere,
Si tu viens l'habiter,
Colin, dans sa chaumiere,
N'a rien à regretter.

Des champs, de la prairie
Retournant chaque soir,
Chaque soir plus chérie,
Je viendrai te revoir :
Du Soleil dans nos plaines
Devançant le retour,
Je charmerai mes peines
En chantant notre amour.

(*On danse.*)

LE DEVIN.

Il faut tous à-l'envi
Nous signaler ici ;
Si je ne puis sauter ainsi,
Je dirai pour ma part une Chanson nouvelle.

(Il tire une chanson de sa poche, & chante le premier couplet.)

I.

L'Art à l'Amour est favorable,
Et sans art l'Amour sait charmer ;
A la ville on est plus aimable,
Au village on sait mieux aimer :
Ah ! pour l'ordinaire
L'Amour ne sait guere,
Ce qu'il permet, ce qu'il défend ;
C'est un enfant, c'est un enfant.

COLIN *répéte le refrein.*

Ah ! pour l'ordinaire,
L'Amour ne sait guere
Ce qu'il permet ce qu'il défend ;
C'est un enfant, c'est un enfant.

(Regardant la Chanson.)

Elle a d'autres couplèts ; je la trouve assés belle.

COLETTE, *avec emprèssement.*

Voyons, voyons, nous chanterons aussi.

(Elle prend la Chanson, & chante le couplet suivant.)

I I.

Ici, de la ſimple Nature,
L'Amour ſuit la naïveté ;
En d'autres lieux, de la parure
Il cherche l'éclat emprunté.
Ah! pour l'ordinaire,
L'Amour ne ſait guere
Ce qu'il permet, ce qu'il défend ;
C'eſt un enfant, c'eſt un enfant.

C H Œ U R.

C'eſt un enfant, c'eſt un enfant.

C O L I N.

I I I.

A voltiger de belle en belle,
On perd ſouvent l'heureux inſtant ;
Souvent un berger trop fidele
Eſt moins aimé qu'un inconſtant.
Ah! pour l'ordinaire, &c.

C O L E T T E.

I V.

A ſon caprice on eſt en butte,
Il veut les ris, il veut les pleurs ;
Par les .... par les ....

C O L I N, lui aidant à lire.

Par les rigueurs on le rebutte.

COLETTE

COLETTE.

On l'affoiblit par les faveurs.

ENSEMBLE.

Ah! pour l'ordinaire,
L'Amour ne fait guerre
Ce qu'il permet, ce qu'il défend;
C'est un enfant, c'est un enfant.

CHŒUR.

C'est un enfant, c'est un enfant.

(*On danse.*)

COLETTE, *alternativent avec le Chœur.*

Allons danser sous les ormeaux,
Animés-vous, jeunes fillettes:
Allons danser sous les ormeaux,
Galants, prenés vos chalumeaux.

COLETTE.

Répétons mille chansonnettes,
Et pour avoir le cœur joyeux,
Dansons avec nos amoureux;
Mais n'y restons jamais seulettes.

Allons danser sous les ormeaux, &c.
A la Ville on fait bien plus de fracas;
Mais sont-ils aussi gais dans leurs ébats?
Toûjours contents,
Toûjours chantants;

Beauté ſans fard,
Plaiſir ſans art;
Tous leurs concerts valent-ils nos muſetes?
Allons danſer ſous les ormeaux, &c.

Une Contredanſe générale termine cet Intermede.

FIN.

APPROBATION.

J'Ai lû par ordre de Monſeigneur le Vice-Chancelier une réimpreſſion *du Devin du Village*, à Paris, ce 17 Juillet 1765.

DEMONCRIF.

www.ingramcontent.com/pod-product-compliance
Lightning Source LLC
LaVergne TN
LVHW020630110826
845149LV00004B/1136
* 9 7 8 2 0 1 9 9 8 0 9 2 4 *